AF308755

Police de la chasse.

A NOUVELLE LÉGISLATION

SUR LA

POLICE DE LA CHASSE

ANNOTÉE, COMMENTÉE ET MISE A JOUR

Loi du 3 mai 1844, modifiée et complétée
par la loi du 1er mai 1924.

TEXTES ET COMMENTAIRES

Nouvelle édition, mise à jour
et augmentée d'une table alphabétique et analytique des matières.

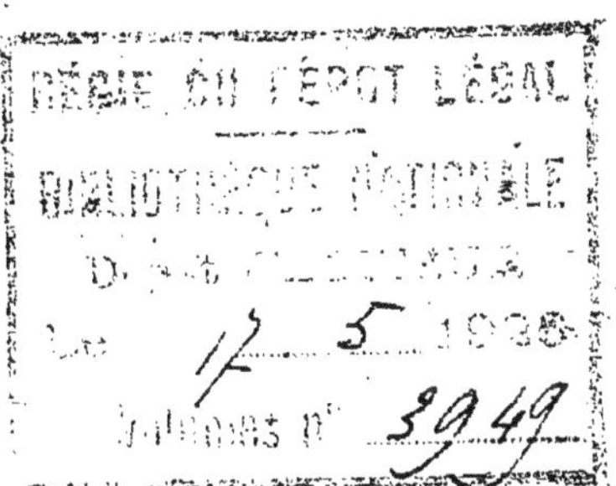

CHARLES-LAVAUZELLE & Cie

Éditeurs militaires
PARIS, Boulevard Saint-Germain, 124
LIMOGES, 62, Avenue Baudin | 53, Rue Stanislas, NANCY

1926

LOI DU 3 MAI 1844

complétée par la loi du 1er mai 1924

SUR LA

POLICE DE LA CHASSE

LA NOUVELLE LÉGISLATION

SUR LA

POLICE DE LA CHASSE

ANNOTÉE, COMMENTÉE ET MISE A JOUR

Loi du 3 mai **1844**, modifiée et complétée
par la loi du 1er mai **1924**.

TEXTES ET COMMENTAIRES

Nouvelle édition, mise à jour
et augmentée d'une table alphabétique et analytique des matières.

CHARLES-LAVAUZELLE & Cᴵᴱ

Éditeurs militaires

PARIS, Boulevard Saint-Germain, 124
LIMOGES, 62, Avenue Baudin | 53, Rue Stanislas, NANCY

1926

LA NOUVELLE LÉGISLATION

SUR LA

POLICE DE LA CHASSE

Loi du 3 mai 1844, modifiée et complétée par la loi du 1ᵉʳ mai 1924.

TEXTES ET COMMENTAIRES

AVANT-PROPOS

Pendant plus de trois quarts de siècle, la loi du 3 mai 1844 est restée, sans grandes modifications, le Code fondamental de la police de la chasse.

Mais, quatre-vingts ans, jour pour jour, après la loi de 1844, l'*Officiel* du 3 mai 1924 a publié une loi nouvelle, promulguée le *1ᵉʳ mai 1924*, qui, sur un grand nombre de points, apporte au texte ancien d'importants compléments et des modifications sensibles.

Votée sans grande discussion par le Sénat, dans sa séance du 27 novembre 1923, et adoptée sans changements par la Chambre, peu de temps avant les élections générales, la loi du 1er mai 1924, dans son *article 1er*, *modifie les articles 2, 3, 4, 9, 11, 12, 14, 16 et 29* de la loi de 1844, qui compte en tout trente et un articles.

Ces modifications, adoptées sur les doléances très vives des chasseurs et, en particulier, des sociétés cynégétiques de France, ont pour but principal de combattre la raréfaction croissante du gibier, d'encourager le repeuplement et de réprimer plus efficacement le braconnage et les délits de chasse en général, dont les pénalités seront sensiblement aggravées désormais.

C'est en vue de renforcer encore, éventuellement, cette répression, que la nouvelle loi, par son *article 2*, a *ajouté* à l'ancien article 22, une disposition permettant aux sociétés cynégétiques

de faire commissionner des gardes particuliers avec des attributions analo-
gues à celles des gardes forestiers de
l'Etat.

× ×

Les modifications apportées par l'*article 1er* de la loi de 1924, aux articles
précités de la loi de 1844, peuvent se
résumer ainsi qu'il suit :

Art. 2. — Définition précisée, dans
un sens restrictif, de la *clôture*, permettant au propriétaire de chasser toute l'année chez lui sans permis.

Art. 3. — Fixation obligatoire par
les préfets, non seulement du jour,
mais de l'heure de l'ouverture et de la
clôture de la chasse.

Art. 4. — Interdiction absolue du
commerce et du colportage du gibier
tué à l'aide d'engins prohibés, et prohibition du transport du gibier vivant,
sans une autorisation spéciale.

Art. 9. — Interdiction de l'emploi
pour la chasse de l'avion et de l'auto,
assimilés aux engins prohibés; mais

autorisation possible de la capture, en tout temps, du gibier en vue du repeuplement.

ART. 11 et 12. — Aggravation sérieuse des amendes, désormais majorées, en outre, de 30 décimes, aux termes de la loi du 22 mars 1924.

ART. 14. — Doublement de ces amendes majorées, en cas d'usage d'avions, autos, ou tous autres véhicules, bicyclettes comprises.

ART. 16. — Astreintes pour obliger à la livraison des engins prohibés (y compris autos, etc.) employés, et fixation à un minimum de 200 francs (au lieu de 50) de la valeur des objets non représentés.

ART. 29. — Recul de la prescription, portée à un an au lieu de trois mois.

D'autre part, l'*article* 2 de la loi de 1924, modifiant l'*article* 22 de la loi de 1844, assimile, quant au pouvoir verbalisateur, certains gardes particuliers commissionnés aux gardes forestiers de l'Etat.

A quoi il faut ajouter (*article 5*) la réglementation nouvelle des permis telle qu'elle résulte de la loi du *25 juin 1920* et des décrets des *15 avril* et *3 juin 1924*, ainsi que de la circulaire du *4 août 1924*.

× ×

Le législateur de 1924 ayant décidé que les dispositions nouvelles qui viennent d'être promulguées, s'incorporeraient à la loi de 1844, en s'ajoutant ou en se substituant aux anciens articles remaniés, nous reproduisons ci-après, en le commentant article par article, le texte remanié désormais en vigueur; nous prenons le soin d'indiquer *en italiques* les additions ou dispositions nouvelles résultant de la loi du 1er mai 1924, et nous rappelons en note, s'il y a lieu, les anciens textes, désormais abrogés, notamment en ce qui concerne le taux des amendes encourues.

Mentionnons ici qu'au cours de ces dernières années, diverses lois, fiscales et autres, avaient, sans guère toucher en général au texte même de la loi de 1844, apporté certains remaniements de détail à la législation antérieure, notamment quant au prix des permis et aux majorations s'ajoutant aux amendes pénales.

Dans notre commentaire, nous mentionnerons, quand il y aura lieu, les textes de cette nature, subsistant en dehors de la loi de 1844, telle qu'elle est remaniée par la loi de 1924; de façon à présenter un aperçu, aussi complet que possible, de la législation sur la chasse actuellement en vigueur.

Nous espérons avoir fait ainsi œuvre utile, en mettant à la portée de tous, d'une façon claire et concise, la législation d'ensemble de la chasse, qui intéresse, non seulement les 1.200.000 porteurs de permis, mais gendarmes et gardes, qui ont la mission d'en faire respecter les prescriptions et de verbaliser contre les délinquants.

NOTE DE LA NOUVELLE ÉDITION

L'édition nouvelle que nous présentons ajoute à la précédente des précisions intéressantes sur certains points, résultant du dernier état de la jurisprudence, et que l'on trouvera à la fin du volume (pages 58 et suivantes).

D'autre part, pour répondre au vœu qui nous avait été adressé, nous avons cru utile de compléter l'exposé de la législation sur la chasse par une *Table alphabétique et analytique* détaillée, qui facilitera les recherches en les simplifiant.

Loi du 3 mai 1844 sur la police de la chasse, modifiée par la loi du 1er mai 1924.

SECTION PREMIÈRE

DE L'EXERCICE DU DROIT DE CHASSE

ARTICLE PREMIER (1). — Nul ne pourra chasser, sauf les exceptions ci-après, si la chasse n'est pas ouverte et s'il ne lui a pas été délivré un permis de chasse par l'autorité compétente.

Nul n'aura la faculté de chasser sur la propriété d'autrui sans le consentement du propriétaire ou de ses ayants droit.

Le décret du 4 mai 1812, qui réglementait la police de la chasse avant la loi du 3 mai 1844, n'exigeait le permis de l'autorité compétente que pour la chasse au fusil. Cette législation a été modifiée en ce sens que l'ancien *permis de port d'armes* a été remplacé par un *permis de chasse*, sans lequel il est interdit de se livrer à aucun acte de chasse quelconque (2).

---

(1) Cet article n'a pas été modifié par la loi du 1er mai 1924.

(2) Voir *infra*, article V.

Des faits qui constituent la chasse. — Le mot *chasse* doit être entendu dans le sens le plus large et s'applique, aux termes mêmes de la circulaire ministérielle en date du 9 mai 1844, à tout moyen ou procédé ayant pour but de rechercher, de poursuivre ou d'atteindre un animal sauvage ou un oiseau. Le plus usuel de ces moyens est l'*emploi* d'armes à feu, qui, sauf preuve contraire, établit *celui qui a tiré*, en présomption d'acte de chasse. Mais tous les autres moyens, tendant au même but, doivent être rangés dans la catégorie des actes de chasse.

Ainsi, doivent être considérés comme délits de chasse, selon la jurisprudence :

1° Le fait de poursuivre le gibier avec des pierres ou un bâton ;

2° Le fait de faire chasser le gibier par des chiens courants et même par des chiens d'arrêt, quoique le chasseur ne soit pas armé, ou de laisser, sous ses yeux et à sa portée, des chiens courants quêter et poursuivre le gibier, sur le terrain d'autrui, sans essayer de les rompre ou les rappeler ;

3° Le fait de faire quêter un chien, même à trait de limier, alors même que cette manœuvre aurait pour but non la capture du gibier, mais simplement l'exercice ou l'essai du chien, ou la découverte des endroits les plus giboyeux.

4° Le fait d'avoir été trouvé sur un terrain propre à la chasse, armé et dans l'attitude du chasseur;

5° Le fait de se placer à l'affût sur le passage du gibier;

6° Le fait de s'emparer avec la main d'un gibier blessé.

Mais, ne sauraient constituer des délits de chasse :

1° Le simple fait d'avoir été rencontré dans le costume et avec tout l'attirail d'un chasseur;

2° Le fait de se promener, avant l'ouverture de la chasse, en recherchant par soi-même les endroits giboyeux;

3° Le fait d'assister à une chasse, en simple curieux ou spectateur;

4° La circonstance qu'un chien, guidé par son seul instinct et sans y être poussé par son maître, aura parcouru la campagne en faisant lever le gibier.

5° Le fait de boucher des terriers sur le terrain d'autrui avant que des bourses n'aient été posées et un furet introduit dans les terriers.

Le piqueur est tenu d'avoir un permis de chasse, lorsqu'il dirige ou appuie les chiens.

Le valet de chiens n'est pas soumis à la même obligation ainsi que le domestique qui suit son maître pour lui porter sa gibecière ou même pour lui charger son fusil.

Le traqueur ou rabatteur n'est pas obligé d'avoir un permis, si le chasseur en a un. Il en est de même des fureteurs.

Du consentement du propriétaire ou de ses ayants droit. — Les ayants droit sont ceux au profit desquels le propriétaire s'est dépouillé de son droit de chasse, par exemple un fermier de ce droit. Propriétaires ou ayants droit ont seuls qualité pour accorder la permission de chasser. La loi n'exige pas que le consentement soit exprès ou par écrit : c'est aux tribunaux d'apprécier s'il a ou non existé. Le consentement du propriétaire est toujours présumé exister lorsque la poursuite a lieu à la diligence du ministère public, excepté dans le cas prévu par l'article 26 (chasse sur un terrain clos ou sur des terres non encore dépouillées de leurs récoltes), où c'est au contraire le défaut de consentement qui doit être présumé.

Mais comme, en règle générale et sauf l'exception que nous venons de citer, le délit de chasse sur le terrain d'autrui ne peut être poursuivi que sur la plainte du propriétaire du terrain, cette plainte devra être jointe au procès-verbal constatant le délit, et alors la présomption de consentement cesse, c'est au prévenu à en rapporter la preuve. (Voir note additionnelle page 58).

Le consentement du propriétaire ou de ses ayants droit est nécessaire pour chasser sur un chemin privé.

On admet, en général, que tout le monde peut chasser sans autorisation, avec permis et à condition qu'aucun arrêté municipal ou préfectoral ne l'interdise. bien entendu, sur les routes et chemins publics.

Art. 2. — Le propriétaire ou possesseur peut chasser ou faire chasser, en tout temps, sans permis de chasse, dans ses possessions attenantes à une habitation et entourées d'une clôture continue faisant obstacle à toute communication avec les héritages voisins, *et empêchant complètement le passage de l'homme et celui du gibier à poil* (loi du 1er mai 1924 (1).

---

(1) Cette précision a été ajoutée par la loi du 1er mai 1924 au texte de l'article 2, pour faire

Cet article a encore modifié la législation antérieure. La loi du 30 avril 1790 permettait au propriétaire ou possesseur de chasser en tout temps dans ses terres et dans celles de ses possessions qui étaient séparées des héritages voisins par des murs ou des haies vives, lors même qu'elles étaient éloignées de toute habitation. La règle ainsi posée présentait un double inconvénient : 1º la chasse dans les bois était un obstacle à la reproduction du gibier : 2º dans certains départements, la plupart des champs étant clos de haies, la chasse était ainsi autorisée presque partout et sans permis. Ces deux inconvénients disparaissent en grande partie avec l'article 2 de la loi du 3 mai 1844. La chasse n'est plus permise au propriétaire ou possesseur qu'à une double condition : 1º que le terrain soit attenant à une habitation ; 2º qu'il soit complètement clos.

Les termes de la loi doivent être entendus dans un sens rigoureux.

Ainsi, le fait de chasser dans un enclos qui n'est pas attenant à une habitation constitue un délit. Il est nécessaire, en outre, que l'habitation et l'enclos soient entre les mains du même propriétaire ou possesseur.

Il ne faut pas entendre par habitation une construction quelconque, par exemple une cabane accidentellement habitée, mais un bâtiment ha

---

cesser les divergences d'interprétation de la jurisprudence au sujet des clôtures, et surtout restreindre, en pratique, la portée d'application de l'article 2.

Ainsi, ne saurait être désormais tenue pour suffisante, aux termes de l'article ainsi complété, une clôture formée de deux ou trois rangs de fils de fer ou ronces artificielles à travers lesquels le gibier peut se glisser.

bité actuellement ou tout au moins destiné à l'habitation à certains intervalles, tel, par exemple, une résidence d'été.

L'article 2 ne désigne aucun mode de clôture particulier, mais son but ayant trait à l'inviolabilité du domicile ainsi qu'à la garde du gibier, la clôture qui répondra au vœu de la loi sera celle empêchant l'introduction des hommes par les moyens ordinaires. Elle devra donc être suffisamment haute et résistante pour empêcher cette introduction et ne pas présenter de brèches (1), ni d'interstices permettant le passage du gibier.

Dans les propriétés closes, telles qu'elles viennent d'être définies, la chasse est permise en tout temps et à l'aide de tous moyens, à l'exception toutefois des engins prohibés, dont la loi punit la simple détention. (V. art. 12 ci-dessous.)

ART. 3. — Les préfets détermineront, par des arrêtés publiés au moins dix jours à l'avance, les *jours et heures* (2) des ouvertures et celles des clôtures des chasses, soit à tir, soit à courre, à cor et à cri, dans chaque département (loi du 22 janvier 1874).

Ils pourront, dans le même délai, sur l'avis du conseil général, retarder la

(1) Voir la note précédente.
(2) La loi du 1ᵉʳ mai 1924 a substitué au texte ancien : « *époques* », les mots : « *jours et heures* », comme plus précis, et de nature à éviter toute équivoque, tant pour les gardes et gendarmes que pour les chasseurs.

date de l'ouverture et avancer la date de
la clôture de la chasse à l'égard d'une
espèce de gibier déterminée (loi du 16
février 1898).

Les préfets doivent fixer par deux arrêtés, et
non par un arrêté unique, l'époque de l'ouverture et celle de la clôture. Ils peuvent modifier
leurs arrêtés. Les nouveaux arrêtés sont obli-
gatoires, même avant l'expiration du délai de
dix jours, s'il est établi que les citoyens en
ont eu régulièrement connaissance. Ils pouvaient
aussi fixer non seulement le jour, mais encore
l'heure de l'ouverture de la chasse; ils devront
obligatoirement le faire désormais (1).

ART. 4. — I. Dans chaque département, il est interdit de mettre en vente,
de vendre, d'acheter, de transporter et de
colporter du gibier pendant le temps où
la chasse n'y est pas permise.

II. *Il est également interdit, en toute
saison, de mettre en vente, de vendre, de
transporter, de colporter ou même d'a-
cheter sciemment le gibier tué à l'aide
d'engins ou d'instruments prohibés.*

III. En cas d'infraction à cette disposition, le gibier sera saisi et immédiate-

______

(1) Voir note 2 de la page précédente.

ment livré à l'établissement de bienfaisance le plus voisin, en vertu soit d'une ordonnance du juge de paix, si la saisie a eu lieu au chef-lieu du canton, soit d'une autorisation du maire, si le juge de paix est absent, où si la saisie a été faite dans une commune autre que celle du chef-lieu. Cette ordonnance ou cette autorisation sera délivrée sur la requête des agents ou gardes qui auront opéré la saisie, et sur la présentation du procès-verbal régulièrement dressé.

IV. La recherche du gibier à domicile ne pourra être faite que chez les aubergistes, chez les marchands de comestibles et dans les lieux ouverts au public.

V. *Il est interdit, même en temps d'ouverture de la chasse, de transporter du gibier vivant sans permis de transport délivré par le directeur général des eaux et forêts ou par le conservateur des eaux et forêts du lieu d'origine du gibier, ou par leurs délégués.*

VI. Il est interdit, en temps de fermeture, d'enlever des nids, de prendre ou de détruire, de colporter ou mettre en vente, de vendre ou acheter, de transporter ou exporter les œufs ou les couvées de perdrix, faisans, cailles et de tous autres oiseaux, ainsi que les portées ou petits de tous animaux qui n'auront pas été déclarés nuisibles par les arrêtés préfectoraux.

VII. Les détenteurs du droit de chasse et leurs préposés auront le droit de recueillir, pour les faire couver, les œufs mis à découvert par le fauchage ou l'enlèvement des récoltes. (Loi du 3 avril 1911.)

Cet article 4 qui, depuis la loi du 3 avril 1911, comptait cinq paragraphes, a été refondu par la loi du 1ᵉʳ mai 1924, qui y a intercalé deux paragraphes nouveaux, le 2ᵉ et le 5ᵉ du texte actuel.

Le paragraphe 2 ajoute aux prohibitions anciennes, l'interdiction, en toute saison, de vendre, colporter ou même *acheter sciemment* du gibier tué à l'aide d'engins ou instruments prohibés. Le tout, sous les sanctions pénales portées à l'article 12 (4°).

Le paragraphe 5 nouveau édicte l'interdiction de transporter, même au temps où la chasse est ouverte, du gibier vivant, sans un permis de l'Administration compétente, sous peine de l'amende de l'article 11 (3°).

En ce qui concerne les vieilles tolérances concernant la *destruction des petits oiseaux,* dans certaines régions, malgré les services qu'ils rendent à l'agriculture, le Parlement n'a pas osé modifier, cette fois encore, législativement, les anciens errements, ce qui n'aurait pas été sans provoquer des discussions et des conflits susceptibles de compromettre le sort de la nouvelle loi. Celle-ci laisse d'ailleurs au gouvernement la faculté de continuer à prendre, par voie réglementaire, les mesures utiles à la protection des petits oiseaux au mieux des intérêts agricoles.

Une circulaire du ministre de l'intérieur, en date du 22 juillet 1851, accorde pour la vente du gibier une tolérance de un ou deux jours après la fermeture de la chasse.

La prohibition édictée par l'article 4 n'est pas applicable aux oiseaux de passage et au gibier d'eau, pendant le temps où la chasse en est permise, après la clôture de la chasse ordinaire et au temps de neige, pendant lequel il est permis de transporter, colporter, vendre et acheter le gibier.

Mais elle s'applique, après la clôture de la chasse, à toute sorte de gibier, quelle qu'en soit l'origine. Ainsi, le propriétaire ou possesseur n'a pas le droit de vendre, acheter ou transporter le gibier tué sur son terrain clos et attenant à une habitation. Il est de même interdit de vendre ou colporter des lapins de garenne tués en temps prohibé ou tous autres animaux déclarés par le préfet malfaisants ou nuisibles, mais dont la chair est propre à l'alimentation.

Des arrêtés préfectoraux peuvent interdire, en tout temps, la destruction, la capture, la vente, le transport et le colportage des petits oiseaux, quoique le préfet en ait toléré ou même autorisé la destruction antérieurement.

La vente et le transport des conserves de gibier peuvent avoir lieu pendant que la chasse est prohibée. Il n'en serait pas de même si le gibier n'avait subi aucune transformation industrielle de nature à le rendre méconnaissable. C'est ainsi que serait interdite la vente ou le transport de gibier conservé dans un appareil frigorifique.

Un récépissé constatant la remise du gibier saisi à un établissement de bienfaisance doit être joint au procès-verbal.

La recherche du gibier peut être faite, en temps prohibé, dans les voitures et dans les paniers, mais non sur les personnes, sauf dans le cas tout à fait exceptionnel où il existerait des présomptions d'une extrême gravité.

Les préfets peuvent étendre l'interdiction de prendre ou de détruire les œufs et couvées de faisans, de perdrix et de cailles, aux œufs et aux couvées d'autres oiseaux. Les propriétaires ont, au contraire, toujours le droit de prendre et détruire les œufs ou couvées sur leur terrain.

Art. 5. — Les permis de chasse seront délivrés, sur l'avis du maire et du sous-préfet, par le préfet du département dans lequel celui qui en fera la demande aura sa résidence ou son domicile.

Loi du 25 juin 1920. — Art. 44.

La délivrance des permis de chasse donnera lieu, à partir du 1ᵉʳ juillet 1920, au payement d'un droit de timbre de 80 francs, sans décimes, au profit de l'Etat, et d'une somme de 20 francs au profit de la commune dont le maire aura donné l'avis prévu par l'article 5 de la loi du

3 mai 1844, s'il s'agit d'un permis général valable sur tout le territoire français.

Pour les permis départementaux, utilisés seulement dans le département où le permis aura été délivré et dans les arrondissements limitrophes, le droit de timbre sera réduit à 20 francs; la perception communale restera fixée à 20 francs (1).

Art. 45. — *Les permis de chasse, à quelque époque qu'ils soient délivrés, seront valables pour une année à dater du 1ᵉʳ juillet.....*

Les permis de chasse seront personnels; ils seront valables pour tout le royaume, et pour un an seulement (2).

Pᴇʀᴍɪs ᴅᴇ ᴄʜᴀssᴇ. — A) La délivrance des permis de chasse est aujourd'hui réglementée, en outre, par le *décret du 3 juin* 1924 (*Officiel* du 18 juin, p. 5466), lequel est libellé comme suit :

« Art. 1ᵉʳ. — Les *permis de chasse* seront conformes au modèle annexé. Les autorités chargées de la délivrance des permis auront la faculté d'en *proroger la validité* d année en année pendant une période maximum de *quatre ans.* Chaque prorogation, qui devra faire l'objet d'une demande sur papier timbré, sera constatée par l'apposition d'un timbre mobile sur la formule dont le titulaire est déjà muni.

---

(1) Voir, pour les décimes payables en sus, *infra,* page 23.

(2) La délivrance des permis de chasse donnera lieu au payement d'un droit de dix-huit francs (18 fr.) au profit de l'Etat, et de dix francs (10 fr.) au profit de la commune dont le maire aura donné l'avis énoncé au paragraphe précédent. (*Ancien texte, désormais abrogé.*)

Art. 2. — Il est créé, à cet effet, *deux timbres mobiles*, l'un à 40 francs pour les permis de chasse départementaux, l'autre à 100 francs pour les permis de chasse généraux. Ces timbres, conformes au modèle annexé, indiquent la date extrême de validité et le numéro d'ordre des permis sur lesquels ils sont apposés. Ils sont oblitérés au moyen de la griffe de l'autorité qui accorde la prorogation, apposée à l'encre grasse, partie sur le timbre, partie sur le permis.

Art. 3. — Mention de la prorogation devra être faite, sous le numéro du permis initial, sur le registre à souche tenu à la préfecture. »

B) Il n'est pas inutile de rappeler ici qu'en sus du prix de 100 francs, ou de 40 francs, au versement duquel est subordonnée la délivrance des permis, il est perçu 2 décimes supplémentaires calculés sur les 80 francs ou les 20 francs représentant la part de l'Etat.

Cette majoration est due par application de *l'article 3 de la loi du 22 mars* 1924, ainsi conçu :

« En addition aux recettes autorisées par la loi du 28 décembre 1923, il sera perçu 2 décimes sur tous les impôts, droits et taxes recouvrés au profit de l'Etat, selon les dispositions et sous réserve des exceptions prévues par la présente loi. »

Le *décret du 15 avril* 1924 en détermine ainsi les conditions de perception :

« Art. 4. — En ce qui concerne le permis de chasse, la majoration de 2 dixièmes de la part de l'Etat sera comprise dans le prix global du permis; en conséquence, l'indication du prix figurant sur le permis sera modifiée et portée à 116 francs pour les permis généraux, et à 44 francs pour les permis départementaux. »

C) Enfin, une *circulaire* du Ministre de l'intérieur, en date du *4 août* 1924, précise que : « Pour obtenir une prorogation de son permis, le titulaire sera tenu d'établir une demande sur papier timbré, revêtue de l'avis du maire de son domicile, comme s'il s'agissait d'un nouveau permis, et d'y joindre la formule dont il est porteur, accompagnée de la quittance constatant le versement du prix à la caisse du percepteur.

» D'autre part, la prorogation ne pourra être accordée qu'en ce qui concerne les permis de même catégorie, et si, par exemple, le titulaire d'un permis départemental désire un permis général pour l'année courante, il devra se munir d'une nouvelle formule de permis général. »

Les sous-préfets délivrent aujourd'hui des permis de chasse.

On peut chasser le jour même de la délivrance du permis, ou du moins pendant la fraction de ce jour postérieure à la remise du permis à l'intéressé.

Le permis est personnel et ne peut être prêté. L'article 154 du Code pénal punit d'un emprisonnement de trois mois à un an quiconque aura fait usage d'un permis de chasse délivré sous un autre nom que le sien.

ART. 6. — Le préfet pourra refuser le permis de chasse :

1º A tout individu qui ne sera point personnellement inscrit ou dont le père ou la mère ne serait pas inscrit au rôle des contributions ;

2º A tout individu qui, par une condamnation judiciaire, a été privé de l'un ou de plusieurs des droits énumérés dans l'article 42 du Code pénal, autres que le droit du port d'armes ;

3º A tout condamné à un emprisonnement de plus de six mois pour rébellion ou violence envers les agents de l'autorité publique ;

4º A tout condamné pour délit d'association illicite ; de fabrication, débit, distribution de poudre, armes ou autres munitions de guerre ; de menaces écrites ou de menaces verbales avec ordre ou sous condition ; d'entraves à la circulation des grains ; de dévastation d'arbres ou de récoltes sur pied, de plants venus naturellement ou faits de main d'homme ;

5º A ceux qui auront été condamnés pour vagabondage, mendicité, vol, escroquerie ou abus de confiance.

La faculté de refuser le permis de chasse aux condamnés dont il est question dans les paragraphes 3, 4 et 5 cessera cinq ans après l'expiration de la peine.

Art. 7. — Le permis de chasse ne sera pas délivré :

1° Aux mineurs qui n'auront pas seize ans accomplis ;

2° Aux mineurs de seize à vingt et un ans, à moins que le permis ne soit demandé pour eux par leur père, mère, tuteur ou curateur porté au rôle des contributions ;

3° Aux interdits ;

4° Aux gardes champêtres ou forestiers des communes et établissements publics ainsi qu'aux gardes forestiers de l'Etat et aux gardes-pêche ;

Il va de soi que dans les cas prévus par le paragraphe 2, la mère ne peut agir que lorsque le père n'est pas en état de le faire, parce qu'il est, par exemple, interdit ou même absent, à condition qu'il s'agisse d'une absence prolongée et non passagère. Ainsi la demande appartient d'abord au père, puis, s'il est décédé ou hors d'état de le faire, à la mère ; à défaut de père ou mère, c'est le tuteur qui fera la demande. Si le mineur est émancipé, il demandera lui-même son permis avec l'assistance de son curateur.

La chasse est interdite aux sous-officiers, brigadiers et gendarmes.

Les gardes particuliers peuvent obtenir des permis de chasse.

Art. 8. — Le permis de chasse ne sera pas accordé :

1° A ceux qui, par suite de condamnations, sont privés du droit de port d'armes ;

2° A ceux qui n'auront pas exécuté les condamnations prononcées contre eux pour l'un des délits prévus par la présente loi ;

3° A tout condamné placé sous la surveillance de la haute police.

Le condamné pour délit de chasse qui, par fraude, s'est fait délivrer un permis, quoiqu'il ne soit pas libéré du montant des condamnations antérieures prononcées contre lui, ne peut être poursuivi pour fait de chasse, tant que le retrait du permis prononcé par l'autorité administrative ne lui a pas été notifié.

La surveillance de la haute police a été remplacée par l'interdiction de séjour. (Loi du 27 mai 1885.)

L'interdiction de séjour entraîne la même incapacité que la surveillance de la haute police, au point de vue de l'obtention du permis de chasse.

Art. 9. — Dans le temps où la chasse est ouverte, le permis de chasse donne à celui qui l'a obtenu le droit de chasser de jour, soit à tir, soit à courre, à cor et à cri, suivant les distinctions établies par les arrêtés préfectoraux, sur ses propres terres, et sur les terres d'autrui avec le consentement de celui à qui le droit de chasse appartient.

Tous les autres moyens de chasse, *y compris l'avion et l'automobile, même comme moyens de rabat*, à l'exception des furets et des bourses destinés à prendre les lapins, sont formellement prohibés.

Néanmoins, les préfets des départements, sur l'avis des conseils généraux, et le préfet de police, dans la circonscription de sa préfecture, prendront des arrêtés pour déterminer :

1º L'époque de la chasse des oiseaux de passage autres que la caille, la nomenclature des oiseaux et les modes et les procédés de chasse pour les diverses espèces ;

2º Le temps pendant lequel il sera permis de chasser le gibier d'eau, dans les marais, sur les étangs, fleuves et rivières ;

3º Les espèces d'animaux malfaisants ou nuisibles, que le propriétaire, possesseur ou fermier pourra en tout temps détruire sur ses terres, et les conditions de l'exercice de ce droit, sans préjudice du droit appartenant au propriétaire ou au fermier de repousser ou de détruire, même avec des armes à feu, les bêtes fauves qui porteraient dommage à ses propriétés.

Ils pourront prendre également des arrêtés :

1º Pour prévenir la destruction des oiseaux ou pour favoriser leur repeuplement;

2º Pour autoriser l'emploi des chiens lévriers pour la destruction des animaux malfaisants ou nuisibles;

3º Pour interdire la chasse pendant les temps de neige. (Loi du 22 janvier 1874.)

Ils pourront, en outre, autoriser individuellement les propriétaires ou leurs ayants droit à capturer, même en temps prohibé, avec les engins et dans les conditions déterminés, certaines espèces de gibier pour les conserver provisoirement et les relâcher ensuite dans un but de repeuplement.

Chasse sur les terres d'autrui. — Chassent sur les terres d'autrui : 1º celui qui, après y avoir pénétré, y tue du gibier ; 2º celui qui, se trouvant sur son propre terrain, tire du gibier situé sur le terrain d'autrui ; 3° celui qui, se trouvant sur le terrain d'autrui, tire du gibier situé sur son propre terrain.

Chassent aussi sur les terres d'autrui ceux qui y font quêter leurs chiens ou y font traquer et se postent à la sortie des terres pour attendre le gibier.

Mais le simple passage, sur la terre d'autrui, d'un chasseur qui n'y a pris aucune attitude de chasse, ne saurait constituer un acte de chasse. Pour éviter toute équivoque, il est prudent, dans ce cas, de désarmer son fusil et retenir ses chiens durant le temps du passage. — De même, le fait de poursuivre sur les terres d'autrui, pour s'en emparer, un animal que l'on vient de blesser *mortellement* et qui ne peut plus désormais échapper, peut donner lieu, suivant les cas, à la contravention prévue par l'article 475 n° 9 du Code pénal et à des dommages intérêts envers le propriétaire dont les récoltes seraient endommagées, mais ne constitue pas un acte de chasse, surtout si l'on prend la précaution de laisser son arme ou de la décharger avant de pénétrer sur la terre d'autrui.

Chasse de nuit. — L'article 9 prend bien soin de spécifier que la chasse n'est permise que de jour. Pour déterminer le temps de nuit, il faut moins s'attacher à l'heure légale du coucher du soleil, qu'au moment où l'œil humain ne peut plus discerner nettement les objets. — Nous avons déjà fait remarquer que le propriétaire ou possesseur de terrains clos attenant à une habitation peut chasser en tout temps, même la nuit. — L'interdiction de chasser la nuit ne concerne pas non plus certaines chasses particulières, par exemple, celle des bêtes fauves qui porteraient dommage ou même celle des animaux déclarés malfaisants et nuisibles par arrêté préfectoral.

La chasse à l'affût est permise, à moins qu'elle n'ait lieu durant la nuit.

Des modes de chasse. — L'article 9 prohibe d'une manière formelle tous genres de chasse autres que la chasse à tir, à courre, à cor et à cri, et la chasse aux lapins, à l'aide de furets et de bourses.

Est licite la chasse avec traqueurs qui n'est qu'un mode particulier de la chasse à tir. La chasse à tir avec l'aide d'un miroir est permise pour la même raison. La pose de banderoles le long des clôtures, afin d'empêcher, en l'effrayant, le gibier qui a pénétré dans une propriété pendant la nuit d'en ressortir, le jour, pour rentrer sous bois, est licite et peut avoir lieu même pendant la nuit.

Sont également permises les trappes à bascule ou planchettes mobiles établies dans les clôtures pour permettre l'entrée du gibier et en empêcher ensuite la sortie ; mais serait interdit l'emploi d'un parc en treillis de fer sur les côtés duquel sont disposées des trappes, dites américaines, et dans lequel le gibier, attiré par des appâts, reste enfermé et à la disposition du propriétaire d'un parc.

La chasse au faucon, à l'épervier, à l'autour ou à l'aide d'un oiseau de proie quelconque est prohibée.

Engins prohibés. — Tous engins ou instruments de chasse autres que le fusil sont, en principe, prohibés. La loi ne fait exception que pour les furets et les bourses à prendre les lapins. Les arrêtés préfectoraux peuvent aussi autoriser certains engins pour la chasse des oiseaux de passage, la destruction des animaux malfaisants ou nuisibles et des bêtes fauves, dans le cas de légitime défense.

Sont notamment prohibés : les lacets et collets, les panneaux, les raquettes ou sauterelles, les trébuchets, les traquenards, les gluaux, les maisonnettes à lièvres, les pots à moineaux, etc., etc.

La loi du 1ᵉʳ mai 1924 a ajouté aux prohibitions antérieures celle de l'*avion* et de l'*automobile*, même comme moyens de rabat. Quant aux sanctions pénales de cette prohibition nouvelle, voir plus loin, aux articles 14 et 16.

Oiseaux de passage. — Les préfets peuvent autoriser la chasse des oiseaux de passage, même avec les instruments dont l'usage est prohibé pour la chasse du gibier ordinaire ; dans ce cas, l'emploi ou la détention de ces engins ne saurait constituer un délit.

Quoique la caille soit un oiseau de passage, elle a été exceptée de la disposition applicable aux oiseaux de cette espèce : la chasse n'en peut donc avoir lieu que suivant les règles applicables au gibier ordinaire.

Gibier d'eau — La loi de 1790 donnait à tout propriétaire ou possesseur la faculté de chasser, en toute saison, sur ses lacs et étangs. La loi de 1844 ne lui permet cette chasse que pendant le temps déterminé par les préfets.

La chasse du gibier d'eau, comme celle des oiseaux de passage, nécessite l'obtention d'un permis de chasse. Elle n'est permise, en outre, que par les moyens ordinaires, le pouvoir accordé aux préfets d'autoriser certains engins pour la chasse des oiseaux de passage ne s'étendant pas au gibier d'eau. Il importe aussi de remarquer que cette chasse n'est permise que sur les marais, étangs, fleuves et\ rivières ou les terrains contigus qui peuvent y être assimilés. (Voir note additionnelle page 58.)

Animaux nuisibles. — L'action de détruire les animaux malfaisants et de repousser les bêtes fauves est un véritable exercice du droit de légitime défense de la part des propriétaires qui cherchent à préserver leurs personnes ou leurs récoltes; il n'est donc pas nécessaire qu'ils soient munis de permis de chasse.

En ce qui touche les animaux nuisibles ou malfaisants, ils ne peuvent être chassés sans délit, qu'autant qu'ils sont compris dans la liste des animaux reconnus tels par l'arrêté préfectoral et que le chasseur se conforme aux conditions contenues dans le même arrêté.

Quant aux bêtes fauves. elles peuvent être repoussées en tout temps et par n'importe quel moyen dès qu'il y a danger ou dommage imminent pour les propriétés.

Sont regardées comme *bêtes fauves* : le renard, le sanglier, le chevreuil. le daim, le chamois, le cerf, la fouine, le putois, le blaireau, le loup, la loutre, la martre, etc.

Le lapin est, en général, considéré comme animal nuisible. Il n'en est pas de même du lièvre, à moins qu'il n'ait été classé comme tel dans l'arrêté; ce n'est pas davantage une bête fauve.

Il est permis de regretter que le législateur de 1924 n'ait pas songé à donner une définition juridique et légale des *fauves*, dont la destruction est, en principe, licite en tous temps et par tous moyens.

Chiens lévriers. — En règle générale, l'emploi des chiens lévriers est interdit : il ne saurait y avoir de doute à cet égard. Un pareil mode de chasse constitue le délit de chasse par des moyens prohibés et tombe sous l'application du paragraphe 2 de l'article 12 ; les préfets ne peuvent l'autoriser qu'exceptionnellement et pour la destruction des animaux nuisibles.

Chasse en temps de neige. — L'arrêté préfectoral qui interdit la chasse en temps de neige n'a pas besoin d'être renouvelé chaque année : il est permanent de sa nature et doit être exécuté tant qu'il n'a pas été révoqué.

La prohibition de chasser en temps de neige ne s'applique pas à la destruction des animaux nuisibles ou malfaisants.

Animaux domestiques. — Le fait de tuer des animaux domestiques, tels que des volailles, n'étant pas compris au nombre des actes de chasse, peut constituer, suivant les cas, un délit correctionnel ou une contravention de simple police. — Spécialement la destruction des pigeons de colombier ou même des pigeons voyageurs ne constitue, en dehors des cas où elle est permise par la loi sur la police rurale du 4 avril 1889, qu'un dommage à la propriété mobilière d'autrui prévu et puni par l'article 479 du Code pénal.

La loi du 1ᵉʳ mai 1924, dans un paragraphe final ajouté à l'article 9, donne aux préfets *dans l'intérêt du repeuplement,* la faculté d'accorder des *autorisations individuelles* à l'effet de *capturer, même en temps prohibé,* dans des conditions et avec des engins à déterminer, du *gibier vivant* pour le relâcher ensuite et *repeupler les chasses.* Toute infraction aux conditions imposées sera passible, d'ailleurs, des peines de l'article 11.

Art. 10. — Des ordonnances royales détermineront la gratification qui sera accordée aux gardes et gendarmes rédacteurs des procès-verbaux ayant pour objet de constater les délits.

L'ordonnance du 5 mai 1845, modifiée par la loi du 26 décembre 1890 et celle du 13 avril 1898, fixe ainsi la gratification accordée aux gendarmes. gardes forestiers, gardes champêtres, garde-pêche et gardes assermentés des particuliers qui constatent des infractions à la loi du 3 mai 1844 :

10 francs par condamnation prononcée.

Tout jugement devenu définitif, prononçant une amende distincte contre chacun des prévenus compris dans une même poursuite, donne droit à autant de gratifications qu'il y a d'amendes prononcées ; mais il n'est alloué qu'une seule gratification, bien que plusieurs gendarmes aient concouru à la rédaction du procès-verbal.

En cas de grâce, lorsque remise est faite au condamné de tout ou partie de l'amende, le droit à la gratification n'en reste pas moins entier.

Le recouvrement des amendes et le paiement des gratifications revenant aux agents rédacteurs des procès-verbaux sont aujourd'hui opérés par le percepteur de la commune où a été commis le délit.

Les extraits des jugements sont envoyés tous les trois mois au Conseil d'administration par es soins du commandant d'arrondissement. (Décret du 16 octobre 1882.)

SECTION II

DES PEINES.

ART. 11. — Seront punis d'une amende de cinquante à deux cents francs (*50 à 200*) (1) :

1° Ceux qui auront chassé sans permis de chasse ;

2° Ceux qui auront chassé sur le terrain d'autrui sans le consentement du propriétaire.

L'amende pourra être portée au double si le délit a été commis sur des terres non encore dépouillées de leurs fruits, ou s'il a été commis sur un terrain entouré d'une

---

(1) Le texte ancien portait : « Une *amende de seize à cent francs.* »

Il convient de rappeler ici qu'aujourd'hui, par application de *l'article 41 de la loi du 22 mars* 1924, toutes les amendes pénales sont *majorées de* 30 *décimes*, c'est-à-dire quadruplées.

L'article 41 *susvisé* porte, en effet, cette disposition générale :

« *En ce qui concerne les amendes pénales prononcées en France par les cours et tribunaux, le principal est majoré de trente décimes.*

» Les articles 1ᵉʳ de la loi du 6 prairial an VII, 14 de la loi du 2 juillet 1862, 1ᵉʳ de la loi du 23 août 1871, 2 de la loi du 31 décembre 1873, 110 de la loi du 25 juin 1920, sont abrogés, en ce qui concerne l'application aux amendes pénales des décimes et demi-décimes qu'elles ont institués. »

clôture continue faisant obstacle à toute communication avec les héritages voisins, mais non attenant à une habitation.

Pourra ne pas être considéré comme délit de chasse le fait du passage des chiens courants sur l'héritage d'autrui, lorsque ces chiens seront à la suite d'un gibier lancé sur la propriété de leurs maîtres, sauf l'action civile, s'il y a lieu, en cas de dommages ;

3o Ceux qui auront contrevenu aux arrêtés des préfets concernant les oiseaux de passage, le gibier d'eau, la chasse en temps de neige, l'emploi des chiens lévriers, ou aux arrêtés concernant la destruction des oiseaux et celle des animaux nuisibles ou malfaisants, *ou encore aux arrêtés autorisant la reprise du gibier vivant dans un but de repopulation* (1);

4o Ceux qui, en temps de fermeture, auront, sans droit, enlevé des nids, pris ou détruit, colporté ou mis en vente, transporté ou colporté les œufs ou les couvées de perdrix, faisans, cailles et de

---

(1) Ajouté au texte ancien comme sanction éventuelle du paragraphe final nouveau de l'article 9.

tous autres oiseaux, ainsi que les portées ou petits de tous animaux qui n'auraient pas été déclarés nuisibles par les arrêtés préfectoraux. (Loi du 3 avril 1911.)

5° Les fermiers de la chasse, soit dans les bois soumis au régime forestier, soit sur les propriétés dont la chasse est louée au profit des communes ou établissements publics, qui auront contrevenu aux clauses et conditions de leurs cahiers de charges relatives à la chasse;

6° *Ceux qui, en temps d'ouverture, auront transporté sans autorisation du gibier vivant* (1).

Chasse sans permis. — La non-représentation du permis de chasse ne saurait constituer un délit, si le chasseur qui n'en était pas porteur, quand il a été surpris par la gendarmerie, fait plus tard la preuve qu'il en était cependant pourvu.

Le refus même d'exhiber son permis de chasse ne suffit pas à établir un délit. Ce refus peut faire l'objet d'une citation en police correctionnelle; mais si le chasseur justifie à l'audience qu'il était porteur d'un permis, il doit être acquitté.

Les quittances de versement délivrées par le percepteur ne peuvent tenir lieu de permis.

Ne peut être acquitté celui qui justifie avoir

____

(1) Ajouté au texte ancien comme sanction à la prohibition édictée par le paragraphe 5 nouveau de l'article 4.

fait toutes les démarches nécessaires pour obtenir un permis de chasse.

(Voyez aussi les notes sous le paragraphe 1ᵉʳ de l'article 1ᵉʳ et sous l'article 5.)

Chasse sur le terrain d'autrui. — La présence du chasseur sur le terrain d'autrui n'est pas nécessaire pour qu'il y ait délit.

(Voyez, à cet égard, les notes très importantes sous le paragraphe 2 de l'article 1ᵉʳ et le paragraphe 1ᵉʳ de l'article 9.)

Chasse sur les terres d'autrui non dépouillées de leurs fruits. — Le fait que les terres ne sont pas encore dépouillées de leurs récoltes ne constitue pas un délit spécial et nouveau ; ce n'est qu'une circonstance aggravante du délit de chasse sur le terrain d'autrui. Il en est de même de cette circonstance que le terrain est entouré d'une clôture continue, faisant obstacle à toute communication avec les héritages voisins, mais non attenant à une habitation.

Qu'entend-on par terres non dépouillées de leurs fruits ? Il y a là une question de fait abandonnée à l'appréciation des tribunaux. Une prairie dont l'herbe vient d'être fraîchement coupée est dépouillée de sa récolte ; il n'en est pas de même quelque temps après, si l'herbe a de nouveau poussé. Les procès-verbaux doivent relater soigneusement si le passage est de nature à causer un *dommage*, condition essentielle pour qu'il y ait lieu à l'aggravation prévue par la loi.

Il est hors de doute que le propriétaire peut chasser sur ses propres terres, quoiqu'elles ne soient pas dépouillées de leurs fruits.

(Voir plus bas les articles 12 *in fine*, 13 et 26 et les notes sous ces articles.)

*Passage des chiens courants sur le terrain d'au-
trui.* — Pour que ce passage ne tombe pas sous
l'application de la loi pénale, il faut que le gibier
ait été lancé sur une autre propriété où la
chasse avait été commencée avec droit; qu'il
s'agisse de chiens courants et qu'il y ait eu, de
la part des chasseurs, abstention de tout fait
de chasse durant la traversée de l'héritage
d'autrui, lorsqu'ils n'ont pu empêcher leurs
chiens d'y pénétrer.

Contravention aux arrêtés préfectoraux. —
(Voyez, en ce qui concerne ces contraventions,
les notes placées sous l'article 9.)

Fermiers de la chasse. — Le fermier d'une
chasse qui accorde l'autorisation de chasser à un
tiers, alors que le cahier des charges ne le lui
permet pas, tombe sous l'application du paragraphe 5 de l'article 11; de plus, procès-verbal
doit être aussi dressé contre la personne qu'il a
autorisée. Toutefois, lorsqu'il y a seulement
excédent d'invités, le fermier seul est pénalement
responsable. (Voir note additionnelle page 58)

Art. 12. — Seront punis d'une amende
de cent à cinq cents francs (*100 à 500*) (1),
et pourront, en outre, l'être d'un emprisonnement de six jours à deux mois :

---

(1) Le texte ancien portait seulement, comme
chiffre de l'amende, cinquante à deux cents
francs. Le texte nouveau n'a rien modifié quant
à l'emprisonnement éventuel.

(Rappelons, ici encore, que l'amende nouvelle
de 100 à 500 francs devra être majorée de 30 décimes, aux termes de l'article 41 de la loi du
22 mars 1924, ce qui pourra la porter, en fait,
de 400 à 2.000 francs.)

1º Ceux qui auront chassé en temps prohibé;

2º Ceux qui auront chassé pendant la nuit ou à l'aide d'engins ou d'instruments prohibés, ou par d'autres moyens que ceux qui sont autorisés par l'article 9;

3º Ceux qui seront détenteurs ou ceux qui seront trouvés munis ou porteurs, hors de leur domicile, de filets, engins ou autres instruments de chasse prohibés;

4º Ceux qui, en temps où la chasse est prohibée, auront mis en vente, vendu, acheté, transporté ou colporté du gibier ; *ou, en toute saison, ceux qui auront mis en vente, vendu, transporté, colporté ou même acheté sciemment du gibier tué à l'aide d'engins ou instruments prohibés* (1) ;

5º Ceux qui auront employé des drogues ou appâts qui sont de nature à enivrer le gibier ou à le détruire;

6º Ceux qui auront chassé avec appeaux, appelants ou chanterelles.

---

(1) Voir, *supra*, article 4 nouveau, paragraphe 2. Ainsi, la vente, et aussi l'achat, du gibier tué à l'aide d'engins prohibés, sont désormais punissables, même au temps où la chasse est ouverte.

Les peines déterminées par le présent
article pourront être portées au double
contre ceux qui auront chassé pendant la
nuit sur le terrain d'autrui et par l'un des
moyens spécifiés au deuxième paragra-.
phe, si les chasseurs étaient munis d'une
arme apparente ou cachée.

Les peines déterminées par l'article 11
et par le présent article seront toujours
portées au maximum lorsque les délits
auront été commis par les gardes champêtres ou forestiers des communes, ainsi
que par les gardes forestiers de l'Etat et
des établissements publics.

Chasse en temps prohibé. — L'arrêté préfectoral, qui fixe le jour de la fermeture de la chasse,
détermine d'ordinaire un nouveau laps de temps
pendant lequel est permise seulement la chasse
du gibier de passage ou du gibier d'eau. Il sera
bien difficile, hors le cas de flagrant délit. de
constater qu'il y a eu chasse en temps prohibé.
c'est-à-dire recherche d'un animal ou d'un oiseau
non compris dans la nomenclature du gibier
d'eau ou de passage. Les gendarmes ou gardes ne
devront donc, même lorsqu'ils se trouveront en
présence d'un chasseur sans permis, dresser procès-verbal pour chasse en temps prohibé que
lorsque des faits précis, des présomptions graves
ou la déclaration du délinquant lui-même leur
permettront d'avoir la certitude qu'un délit de
cette nature a été commis. Il est bien entendu

qu'ils pourront toujours verbaliser pour chasse sans permis, s'il y a lieu.

Chasse par des moyens prohibés. — (Voyez les notes sous les paragraphes 1 et 2 de l'article 9.)

Ne pas oublier que, parmi ces moyens prohibés, rentrent désormais notamment l'auto et l'avion. (Voir *infra*, art. 14 et 16.)

Détention et transport d'engins prohibés. — La loi sur la pêche fluviale ne punit que les individus trouvés munis ou porteurs, hors de leur domicile, d'engins prohibés. La loi sur la chasse va plus loin et punit ceux qui en sont possesseurs et qui les détiennent dans leur demeure. Toutefois, les visites domiciliaires pour la recherche de ces engins ne peuvent avoir lieu que sur réquisition du ministère public et sur ordonnance du juge d'instruction.

La détention de toute sorte de filets destinés à prendre les oiseaux, même par un marchand d'instruments de chasse, constitue un délit aux termes de la loi.

Vente et colportage du gibier en temps prohibé. — (Voyez plus haut les notes sous l'article 4.)

ART. 13. — Celui qui aura chassé sur le terrain d'autrui sans son consentement, si ce terrain est attenant à une maison habitée ou servant à l'habitation, et s'il est entouré d'une clôture continue faisant obstacle à toute communication avec les héritages voisins, sera puni d'une amende de cinquante à trois cents francs, et pourra l'être d'un emprisonnement de six jours à trois mois.

Si le délit a été commis pendant la nuit, le délinquant sera puni d'une amende de cent francs à mille francs, et pourra l'être d'un emprisonnement de trois mois à deux ans, sans préjudice, dans l'un et l'autre cas, s'il y a lieu, de plus fortes peines prononcées par le Code pénal.

L'acte de chasse dénote ici une audace qui ne reculerait pas devant les actes de violence les plus graves : c'est ce qui explique la rigueur de la loi, que le texte de 1924 n'a d'ailleurs pas aggravée ici.

La fin de l'article fait allusion aux autres délits ou crimes qui peuvent accompagner le délit de chasse.

Art. 14. — Les peines déterminées par les articles qui précèdent pourront être portées *au double* si le délinquant était en état de récidive, s'il était déguisé ou masqué, s'il a pris un faux nom, s'il a usé de violences envers les personnes, ou s'il a fait des menaces, *s'il a fait usage d'un avion, d'une automobile, ou de tout autre véhicule pour se rendre sur le lieu du délit ou pour s'en éloigner* (1) sans préju-

---

(1) La loi du 1ᵉʳ mai 1924 ajoute donc à l'énumération ancienne l'emploi de l'*avion*, de l'*automobile*, prohibés désormais par l'article 4, et même de tout autre véhicule, ce qui paraît englober jusqu'à la *bicyclette*.

dice, s'il y a lieu, de plus fortes peines prononcées par la loi.

Lorsqu'il y aura récidive, dans les cas prévus en l'article 11, la peine de l'emprisonnement de six jours à trois mois pourra être appliquée, si le délinquant n'a pas satisfait aux condamnations précédentes.

Les outrages par paroles, gestes ou menaces et les violences envers les agents dépositaires de la force publique sont punis par les articles 224, 230 et suivants du Code pénal ordinaire.

Art. 15. — Il y a *récidive* lorsque, dans les douze mois qui ont précédé l'infraction, le délinquant a été condamné en vertu de la présente loi.

Les douze mois se comptent, non à partir de la date du fait antérieur, mais à partir du jour où la condamnation est intervenue.

Art. 16. — Tout jugement de condamnation prononcera la *confiscation* des filets, engins et autres instruments de chasse, *ainsi que des avions, automobiles ou autres véhicules utilisés par les délinquants* (1). Il ordonnera, en outre, la destruction des engins prohibés.

---

(1) Addition faite par la loi du 1er mai 1924, comme conséquence de la prohibition par elle édictée aux articles 4 et 14.

Il prononcera également la confiscation des armes, excepté dans le cas où le délit aura été commis par un individu muni d'un permis de chasse, dans le temps où la chasse est autorisée.

Si les armes, filets, engins ou autres instruments de chasse n'ont pas été saisis, le délinquant sera condamné à les représenter ou à en payer la valeur, suivant la fixation qui en sera faite par le jugement, sans qu'elle puisse être au-dessous de *deux cents* francs (1).

Les *objets énumérés au paragraphe précédent* (2), abandonnés par les délinquants restés inconnus seront saisis et déposés au greffe du tribunal compétent. La confiscation et, s'il y a lieu, la destruction en seront ordonnées sur le vu du procès-verbal.

Dans tous les cas, la quotité des dommages-intérêts est laissée à l'appréciation des tribunaux.

---

(1) Le texte ancien portait : « cinquante francs ».

(2) Le texte ancien portait : « les armes, engins ou autres instruments de chasse ».

*Outre l'amende prévue à l'article 11, n° 1,
ceux qui auront chassé sans permis valable
seront condamnés à payer une somme égale au
prix du permis de chasse général.*

*Le recouvrement du montant de cette con-
damnation, non sujette aux décimes, sera poursuivi nonobstant l'application du sursis prévu
par la loi du 26 mars 1891.*

*La portion du prix du permis que la loi attri-
bue aux communes sera versée à la commune
sur le territoire de laquelle le délit aura été
constaté (1).*

*Les dispositions ci-dessus seront également
applicables à ceux qui auront chassé « en temps
prohibé », sans préjudice de l' « amende »
prévue par l'article 12, n° 1.*

Pour que la confiscation ne soit pas une peine
illusoire et que les délinquants ne déposent pas
au greffe des armes hors de service, les agents
chargés de verbaliser en matière de chasse devront donner dans leurs procès-verbaux le signa-
lement exact et détaillé des instruments de
chasse non saisis, en y mentionnant les parti-
cularités que présentent ces armes ou engins,
les marques de fabrique, les lettres ou les
numéros qu'ils portent et l'emplacement de ces
différents signes. (Circul. du 22 juin 1903, *Mémo-
rial*, p. 290.)

Il n'y a pas lieu à confiscation des armes, si
le délit a été commis par un chasseur muni
d'un permis, dans le temps où la chasse est
autorisée.

---

(1) Toute cette partie finale a été ajoutée à
l'article 16 par la loi de finances du 29 avril
1921, et est reproduite par la loi du 1ᵉʳ mai 1924,
qui en étend l'application à la chasse en temps
prohibé.

Art. 17. — En cas de conviction de plusieurs délits prévus par la présente loi, par le Code pénal ordinaire ou par les lois spéciales, la peine la plus forte sera seule prononcée.

Les peines encourues pour des faits postérieurs à la déclaration du procès-verbal de contravention pourront être cumulées, s'il y a lieu, sans préjudice des peines de la récidive.

Art. 18. — En cas de condamnation pour délits prévus par la présente loi, les tribunaux pourront priver le délinquant du droit d'avoir un permis de chasse pour un temps qui n'excedera pas cinq ans.

Art. 19. — La gratification mentionnée en l'article 10 sera prelevée sur le produit des amendes.

Le surplus desdites amendes sera attribué aux communes sur le territoire desquelles les infractions auront été commises.

Art. 20. — L'article 463 du Code pénal ne sera pas applicable aux délits prévus par la présente loi.

L'article 463 est relatif aux circonstances atténuantes et permet aux tribunaux d'abaisser la peine au-dessous du minimum prévu par la loi, et même de substituer l'amende à l'emprisonnement ; il n'est pas applicable en matière de chasse.

La loi du 1ᵉʳ mai 1924 n'a apporté aucune modification à cet égard; même pour le cas, rare mais non impossible, où le délinquant pourrait établir qu'il est de *bonne foi*.

Mais il est hors de doute que la *loi de sursis* reste applicable en matière de chasse, puisque la disposition finale ajoutée par la loi de 1924 à l'article 16 excepte expressément du bénéfice du sursis la somme représentative du permis général, que doit acquitter le chasseur trouvé sans-permis valable; aux termes de l'article 16 de la loi de finances du 29 avril 1921.

SECTION III

DE LA POURSUITE ET DU JUGEMENT

ART. 21.— Les délits prévus par la présente loi seront prouvés, soit par procès-verbaux ou rapports, soit par témoins, à défaut de rapports et procès-verbaux, ou à leur appui.

En cas d'irrégularité ou de nullité du procès-verbal, la preuve par témoins est toujours admissible.

Les agents rédacteurs de procès-verbaux peuvent être entendus comme témoins et, dans ce cas, ils ont droit à la taxe accordée aux témoins ordinaires.

A défaut de témoignages, l'aveu du prévenu est suffisant pour établir le délit de chasse.

Est valable et régulière la constatation du délit faite en dehors d'un enclos, pour ne pas attenter à l'inviolabilité du domicile.

ART. 22. — Les procès-verbaux des maires et adjoints, commissaires de police, officiers, maréchaux des logis ou brigadiers de gendarmerie, gendarmes, gardes forestiers, garde-pêche, gardes champêtres ou gardes assermentés des particuliers, feront foi jusqu'à preuve contraire.

Loi du 28 septembre 1919. — *A l'égard des gardes forestiers, cette disposition s'appliquera, en quelque lieu que les infractions soient commises, dans les arrondissements des tribunaux près desquels ils sont assermentés.*

Article 2 de la loi du 1ᵉʳ mai 1924 (*complétant l'article 22 de la loi du 3 mai 1844*). — « Le gouvernement exerce la surveillance et la police de la chasse dans l'intérêt général.

« En conséquence, il pourra *commissionner des gardes particuliers*, appartenant aux brigades mobiles de répression du braconnage, des associations cynégétiques ou des fédérations de sociétés de chasse pour exercer, *sauf opposition des propriétaires en ce qui concerne leurs terrains*, les fonctions de gardes des eaux et forêts chargés spécialement de la police de la chasse dans l'étendue des arrondissements pour lesquels ils auront été assermentés. »

Cette disposition nouvelle, résultant d'un amendement déposé par le sénateur Milan, est une innovation qui, au point de vue de la répression du braconnage et de la conservation du gibier, pourra avoir des résultats utiles, mais qui, au point de vue des principes, a soulevé d'abord quelques objections.

En effet, elle assimile, quant aux pouvoirs verbalisateurs, certains gardes au service de sociétés privées aux gardes forestiers agents de l'Etat et « investit ainsi de simples particuliers d'une parcelle de l'autorité publique ».

Aussi, une double restriction a-t-elle été posée, de façon à prévenir les abus possibles tout en assurant d'une manière plus efficace la répression du braconnage et la conservation du gibier :

1° L'administration ne pourra commissionner que des gardes particuliers « appartenant à des brigades mobiles de répression du braconnage des sociétés cynégétiques ou des fédérations de sociétés de chasse »; ce qui implique pour elle le droit d'accorder ou de refuser, après enquête et contrôle préalable. et en toute connaissance de cause, les commissionnements sollicités;

2° Ces gardes assermentés ne pourront instrumenter que « sauf opposition des propriétaires en ce qui concerne leurs terrains ». Il est d'ailleurs probable qu'en pratique, cette opposition, qui devra être, au surplus, formulée d'une façon expresse, ne se manifestera que dans des cas exceptionnels.

Art. 23. — Les procès-verbaux des employés des contributions indirectes et des octrois feront également foi jusqu'à preuve contraire lorsque, dans la limite de leurs attributions respectives, ces agents rechercheront et constateront les délits prévus par le paragraphe de l'article 4.

Art. 24. — Dans les vingt-quatre heures du délit, les procès-verbaux des gardes seront, à peine de nullité, affirmés par les rédacteurs devant le juge de paix ou l'un de ses suppléants, ou devant le maire ou l'adjoint, soit de la commune de leur résidence, soit de celle où le délit aura été commis.

La loi assujettit à l'affirmation seulement les procès-verbaux des gardes.
Les procès-verbaux des gendarmes sont donc dispensés de l'affirmation.

Art. 25. — Les délinquants ne pourront être saisis ni désarmés; néanmoins, s'ils sont déguisés ou masqués, s'ils refusent

de faire connaître leurs noms, ou s'ils
n'ont pas de domicile connu, ils seront
conduits immédiatement devant le maire
ou le juge de paix, lequel s'assurera de
leur individualité.

Il importe de remarquer que cet article ne
vise que les *délinquants*. Il faut par suite, pour
qu'il y ait lieu à son application, qu'un délit de
chasse ait été réellement commis.
Certaines des circonstances énumérées dans
cet article peuvent constituer une aggravation
du délit de chasse. (Voyez plus haut l'article 14.)

ART. 26. — Tous les délits prévus par la
présente loi seront poursuivis d'office par
le ministère public, sans préjudice du
droit conféré aux parties lésées par l'article 182 du Code d'instruction criminelle.

Néanmoins, dans le cas de chasse sur
le terrain d'autrui sans le consentement
du propriétaire, la poursuite d'office ne
pourra être exercée par le ministère public,
sans une plainte de la partie intéressée,
qu'autant que le délit aura été commis
dans un terrain clos, suivant les termes
de l'article 2, et attenant à une habitation,
ou sur des terres non encore dépouillées
de leurs fruits.

L'article 182 du Code d'instruction criminelle a trait aux citations devant le tribunal correctionnel données directement au prévenu et aux personnes responsables du délit par la partie civile lésée par le délit ou par l'administration forestière.

L'administration forestière a le droit de transiger pour tous les faits de chasse commis dans les bois soumis au régime forestier.

Dans le cas de chasse sur le terrain d'autrui, quoique ce terrain soit complètement clos, s'il n'est pas attenant à une habitation (cas prévu par l'article 11, § 2, deuxième alinéa *in fine*), la poursuite ne peut être exercée que sur une plainte du propriétaire et cette plainte doit être annexée au procès-verbal, comme pour le simple délit de chasse sur le terrain d'autrui, sans circonstance aggravante.

Art. 27. — Ceux qui auront commis conjointement les délits de chasse seront condamnés solidairement aux amendes, dommages-intérêts et frais.

Art. 28. — Le père, la mère, le tuteur, les maîtres et commettants sont civilement responsables des délits de chasse commis par leurs enfants mineurs non mariés, pupilles demeurant avec eux, domestiques ou préposés, sauf tout recours de droit.

Cette responsabilité sera réglée conformément à l'article 1384 du Code civil, et

ne s'appliquera qu'aux dommages-intérêts et frais, sans pouvoir toutefois donner
lieu à la contrainte par corps.

La responsabilité civile ne s'applique ni à l'amende, ni à la confiscation de l'arme ou des
engins.

Art. 29. — Toute action relative aux
délits prévus par la présente loi sera prescrite par le laps d'un an, à compter du
jour du délit.

Le jour où a été commis le délit n'est pas
compris dans le délai d'un an.

Le texte primitif comportait prescription par
trois mois, délai trop bref, et qui, en fait, assurait l'impunité à beaucoup de délinquants, que
la prescription d'un an permettra d'identifier et
de poursuivre.

SECTION IV.

DISPOSITIONS GÉNÉRALES.

Art. 30. Les dispositions de la présente loi relatives à l'exercice du droit de chasse ne sont pas applicables aux propriétés de la Couronne. Ceux qui commettraient des délits de chasse dans ces propriétés seront poursuivis et punis conformément aux sections II et III.

Art. 31. — Le décret du 4 mai 1812 et la loi du 30 avril 1790 sont abrogés.

Sont et demeurent également abrogés les lois, arrêtés, décrets et ordonnances intervenus sur les matières réglées par la présente loi, en tout ce qui est contraire à ses dispositions.

Première note additionnelle.

(*Voir p. 14.*)

Du consentement du propriétaire ou de ses ayants droit (art. 1er, loi 3 mai 1844). — Lorsque le propriétaire a cédé ou affermé son droit de chasse, c'est le cessionnaire, devenu l'*ayant droit* du propriétaire, qui a seul désormais le droit d'autoriser ou d'interdire la chasse, et de porter plainte à fins de poursuite, le cas échéant.

Et cela, même à l'égard de ceux qui auraient reçu la permission de chasser du propriétaire lui-même, postérieurement à la cession du droit de chasse par celui-ci; et alors même qu'ils justifieraient avoir ignoré cette cession. (*Voir infra* p. 59.)

Deuxième note additionnelle.

(*Voir p. 33.*)

Chasse aux oiseaux de mer (art. 9, 11, loi 3 mai 1844). — Lorsque des arrêtés préfectoraux autorisent pendant toute l'année la chasse aux oiseaux de mer sur le littoral maritime, sont néanmoins susceptibles d'être poursuivis, pour chasse en temps prohibé, ceux qui, même de bonne foi et munis d'un permis de chasse, ont, après l'époque de la fermeture, tiré sur des oiseaux de mer (tels que des canards sauvages), en se postant dans le voisinage du littoral, mais sur des terrains que n'atteignent pas les grandes marées d'équinoxe.

En conséquence, ils encourent les peines portées aux articles 12 et 16 de la loi du 3 mai 1844, modifiés par la loi du 1er mai 1924 (*Cour Rennes*, 21 *déc.* 1925).

Troisième note additionnelle.

(*Voir p. 40.*)

Fermiers de la chasse (art. 11, loi 3 mai 1844). — Le propriétaire qui a cédé son droit de chasse par bail régulier, — le prix de la location ne fût-il que de 1 franc, — ne peut plus, désormais, autoriser des tiers à chasser sur le terrain objet du bail de chasse.

Ces tiers, nonobstant leur bonne foi possible, sont éventuellement passibles, sur poursuites intentées par le cessionnaire de la chasse, des peines portées à l'article 11 de la loi du 3 mai 1844.

S'il y a contestation soulevée pour la validité du bail de chasse, il appartient aux juges correctionnels, saisis de la poursuite, de trancher au préalable cette question préjudicielle, sauf, si l'affaire n'est pas en état à cet égard, à surseoir à statuer sur le fond, jusqu'à ce que la juridiction civile compétente ait tranché la question de validité du bail. (*Cassation, 24 juillet* 1925.)

TABLE ALPHABÉTIQUE
ET ANALYTIQUE DES MATIÈRES

Les articles de loi indiqués se réfèrent, en principe, à la loi du 3 mai 1844, modifiée, s'il y a lieu, par la loi du 1er mai 1924.

Police de la chasse.   5

———

www.ingramcontent.com/pod-product-compliance
Ingram Content Group UK Ltd.
Pitfield, Milton Keynes, MK11 3LW, UK
UKHW020029100726
13658UKWH00003B/1202

9 782329 037851